W0398128

Chaque année, lors de la pleine lune qui annonce le début du printemps, toute l'Inde fête Holi.

Holi célèbre l'amour de Krishna pour Radha, la fertilité et le retour à la vie. C'est la fête la plus colorée, la plus joyeusement exubérante et la plus photogénique d'Inde. Holi collait si bien à l'imaginaire de Kenzo Parfums, vagabond, poétique, curieux de l'autre et du monde, que la marque a demandé à une photographe de partager ces moments privilégiés dans la vie de l'Inde et de ses habitants. Véronique Durruty est allée arpenter les villes de Udaipur au Rajasthan, et de Mathura et Vrindavan dans l'Uttar Pradesh, région où aurait grandi le dieu Krishna.

Toujours au plus près, les images de la photographe suivent les plus intimes mouvements de la fête. Elles sont tour à tour exaltées, extatiques, apaisées ou légères. Inévitablement humaines et aimantes. Voir la fête des couleurs à travers son regard, c'est pouvoir rêver les yeux grands ouverts, comme dans un conte, comme un enfant.

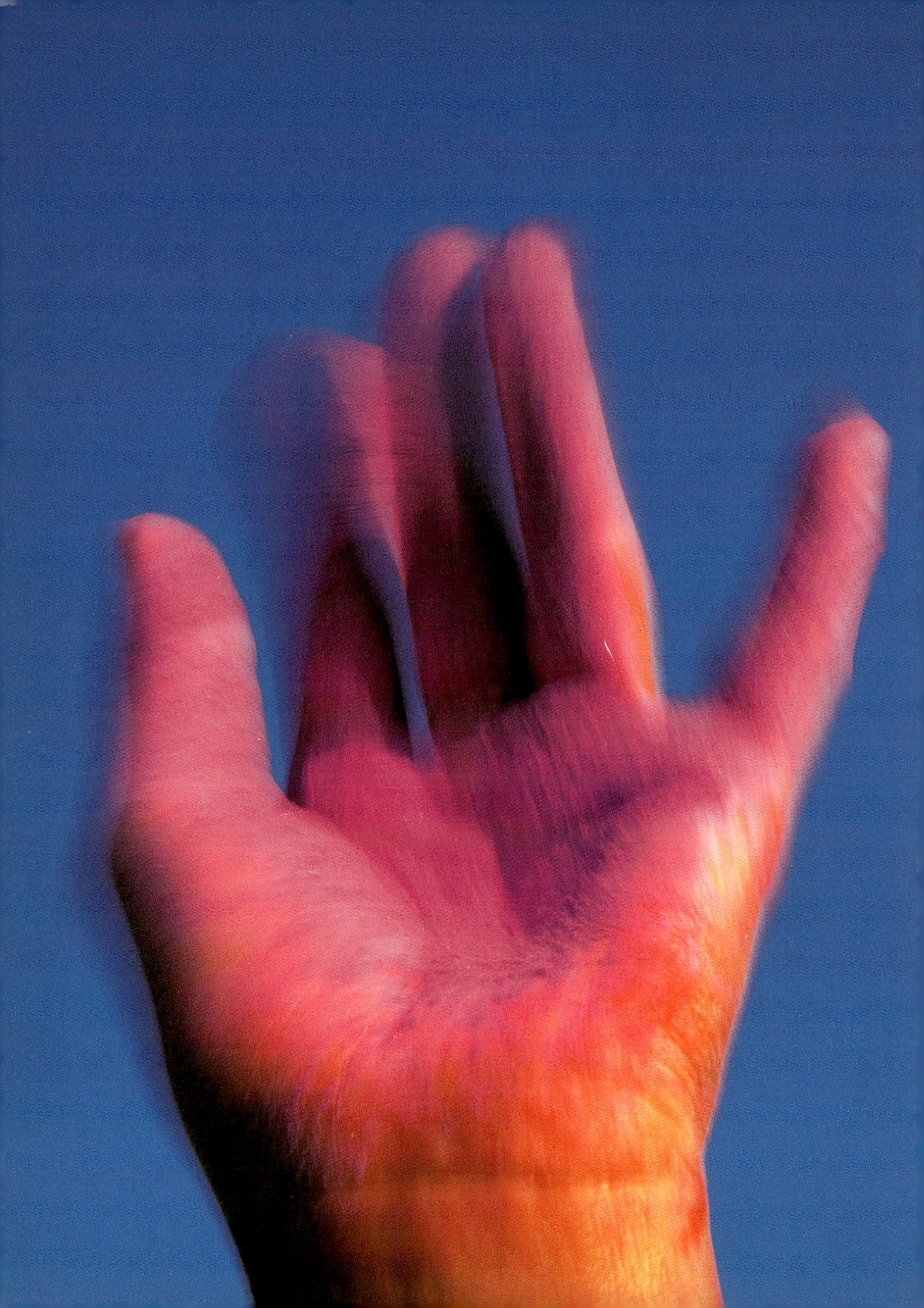

Chaque année, pour accueillir le printemps, pour fêter l'amour et la vie, l'Inde tout entière joue. Avec des couleurs. Elle joue à Holi.

Each and every year, to usher in the Spring, the celebrated season of love and life, the whole of India plays. Plays with colours. Plays Holi.

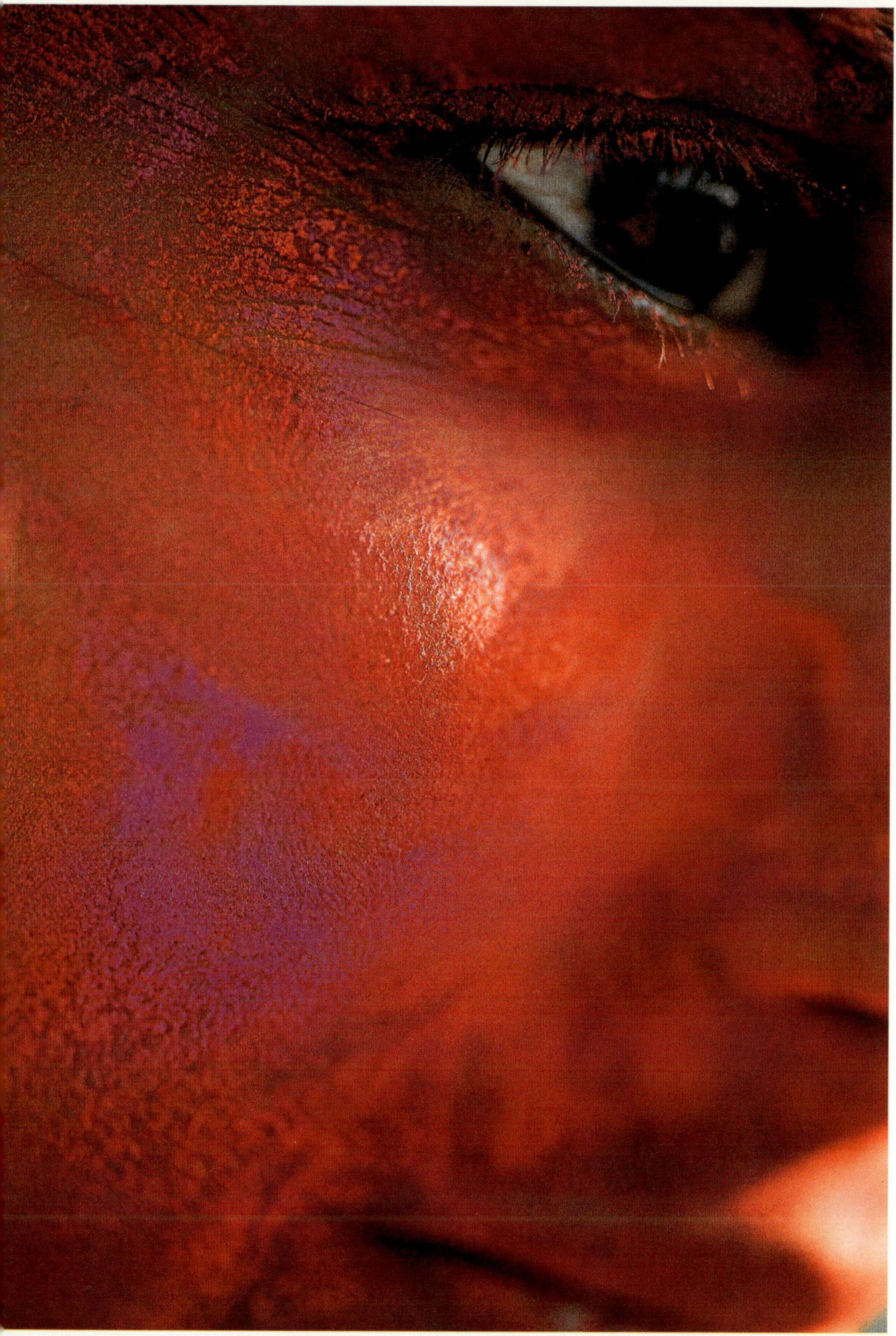

17

Depuis plusieurs jours, les étals des vendeurs de rue se sont couverts de petits sachets de *gulal*, ces poudres aux teintes éclatantes. Dans les rues, les yeux se sourient, les regards sont complices. Chacun se prépare…

Street sellers' stalls are now piled high with "gulal" – brightly-coloured powder bags. In the streets, faces light up with knowing smiles. Everyone is getting ready…

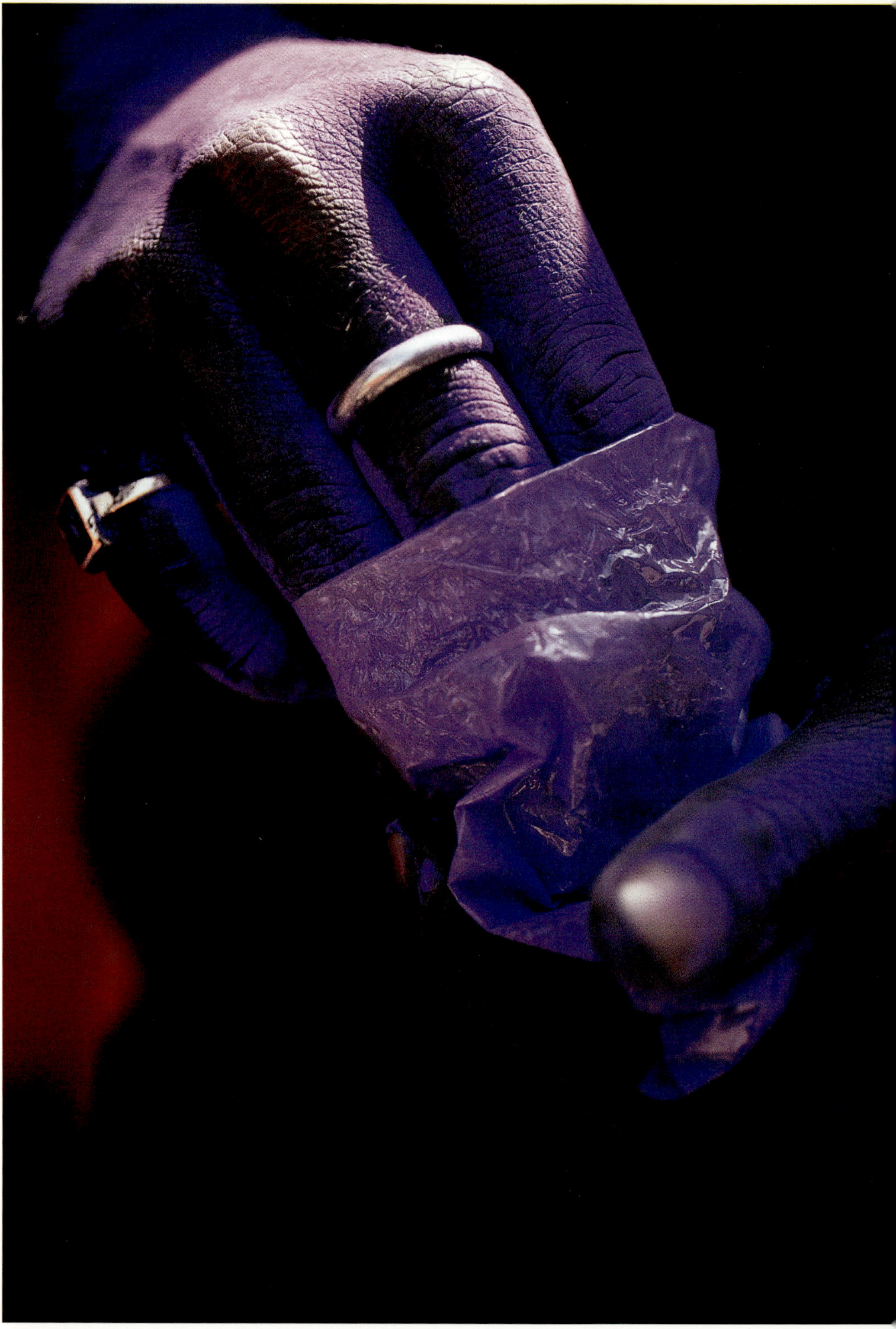

31

En préambule, la nuit de la pleine lune, on danse autour des feux, on chante à tue-tête, pour célébrer la victoire des dieux sur les démons.

To begin, on the night of the full moon, there is much dancing around bonfires, much crying out for joy, to celebrate the victory of the gods over the demons.

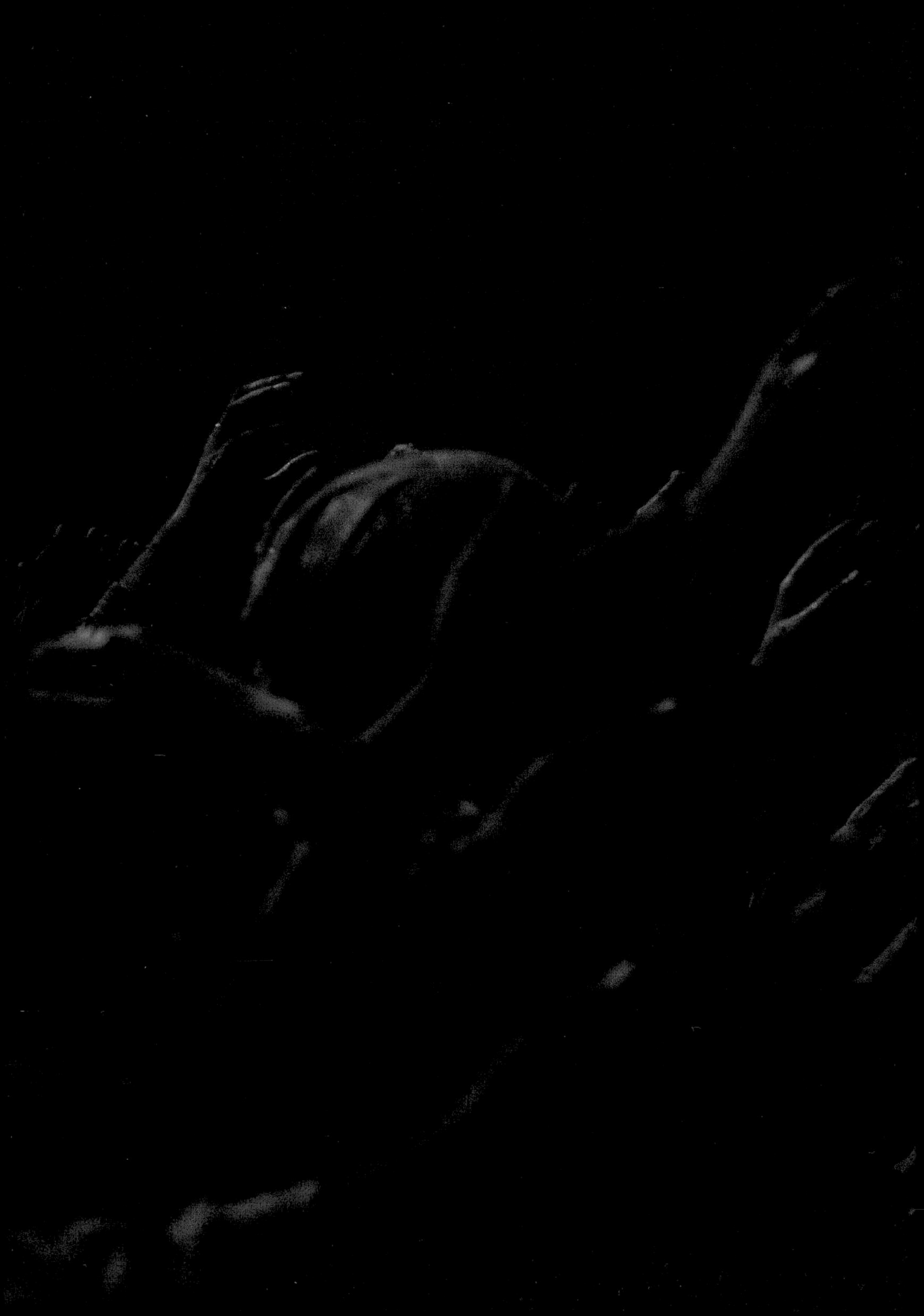

41

Mais à l'aube, une autre fête commence. Splash de rose, pluie de rouge, nuage de vert, fusée de jaune ! Le jeu, c'est de lancer des couleurs, toutes de poudre et d'eau, sur ses amis, sur ses voisins, sur les passants, avec générosité et surtout sans compter.

And as the day breaks, another festival begins. Splashes of pink, showers of red, clouds of green, streaks of yellow! The game is to throw colours – like so many bursts of powder and water over your friends, your neighbours, or simple passers-by… and do so liberally, without restraint.

Les poudres jaillissent, volent, fusent, les couleurs s'additionnent et fusionnent, sur des visages arc-en-ciel ou caméléon.

The powders swirl, ripple, flow... the colours blend and fuse, on rainbow smiles and chameleon faces.

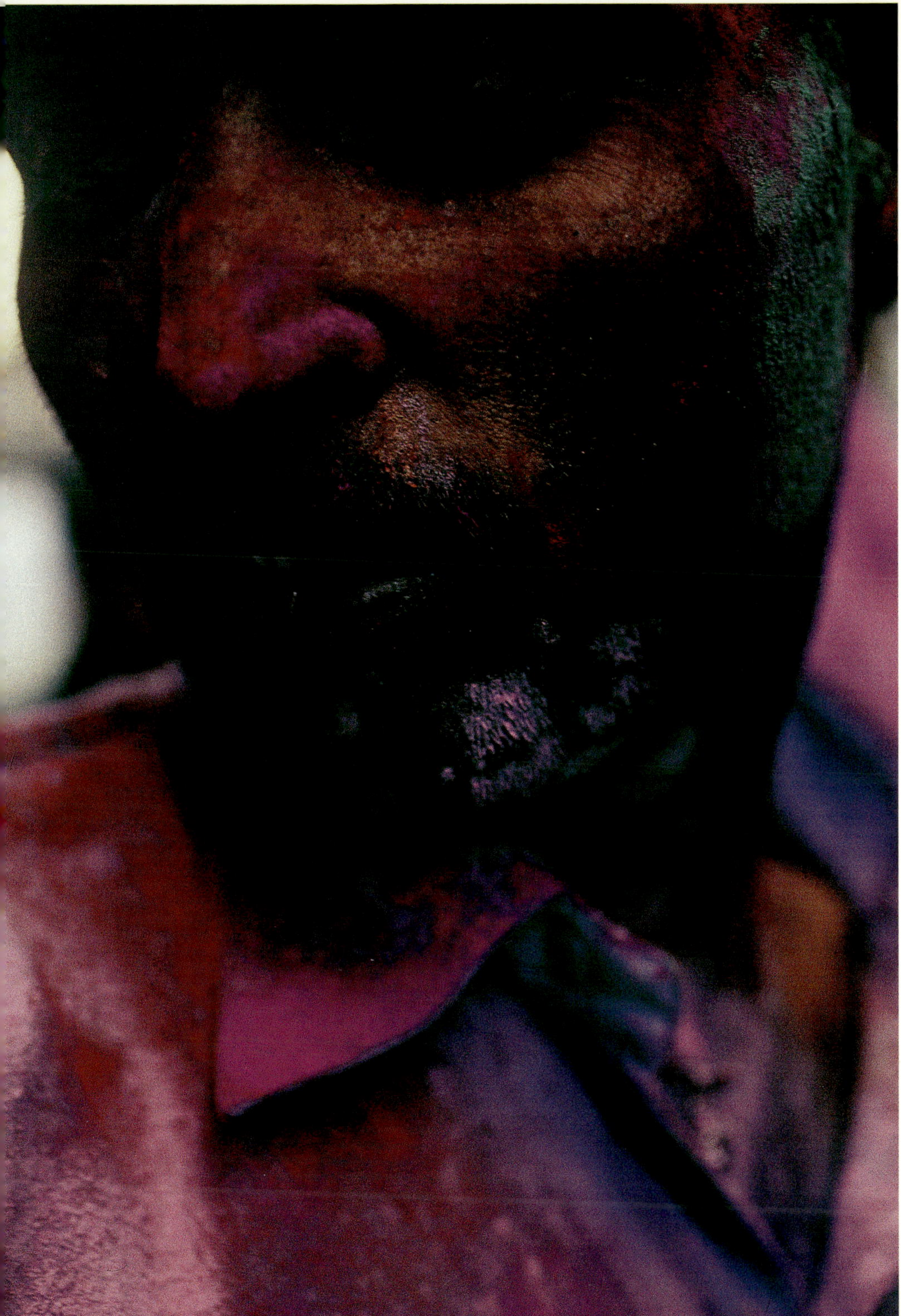

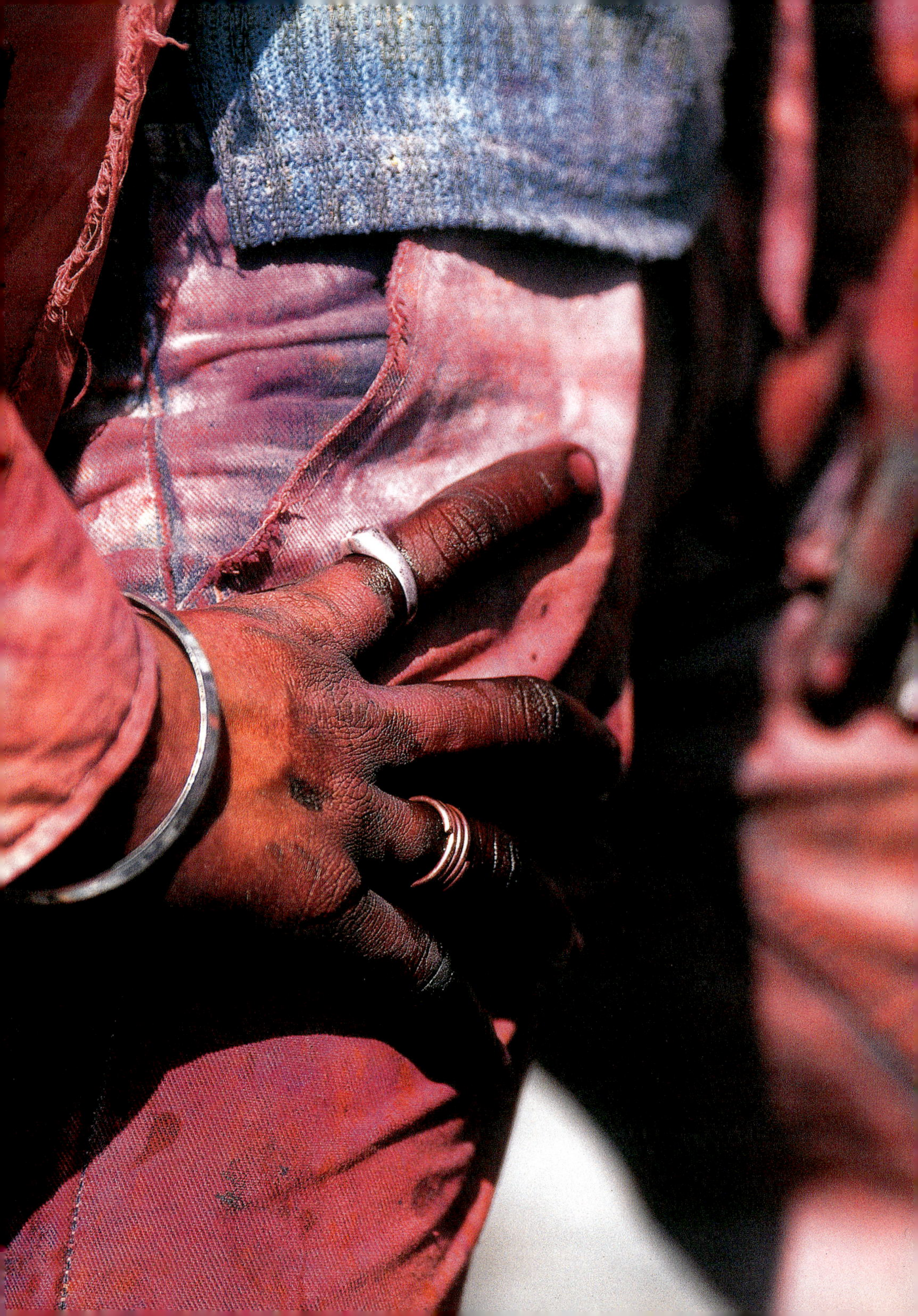

63

Éclaboussés, les corps aussi se colorent. Les pigments glissent des cheveux au creux de l'oreille, entre les saris et la peau, le cou et le col de la chemise – muée en œuvre d'art – sous les ongles et jusque dans les chaussures !

Splash! The whole body is doused in colour, too: pigments run from the hair to the hollow of the ear, slip between sari and skin, neck and shirt collars – now dazzling works of art – under the nails and even in your shoes!

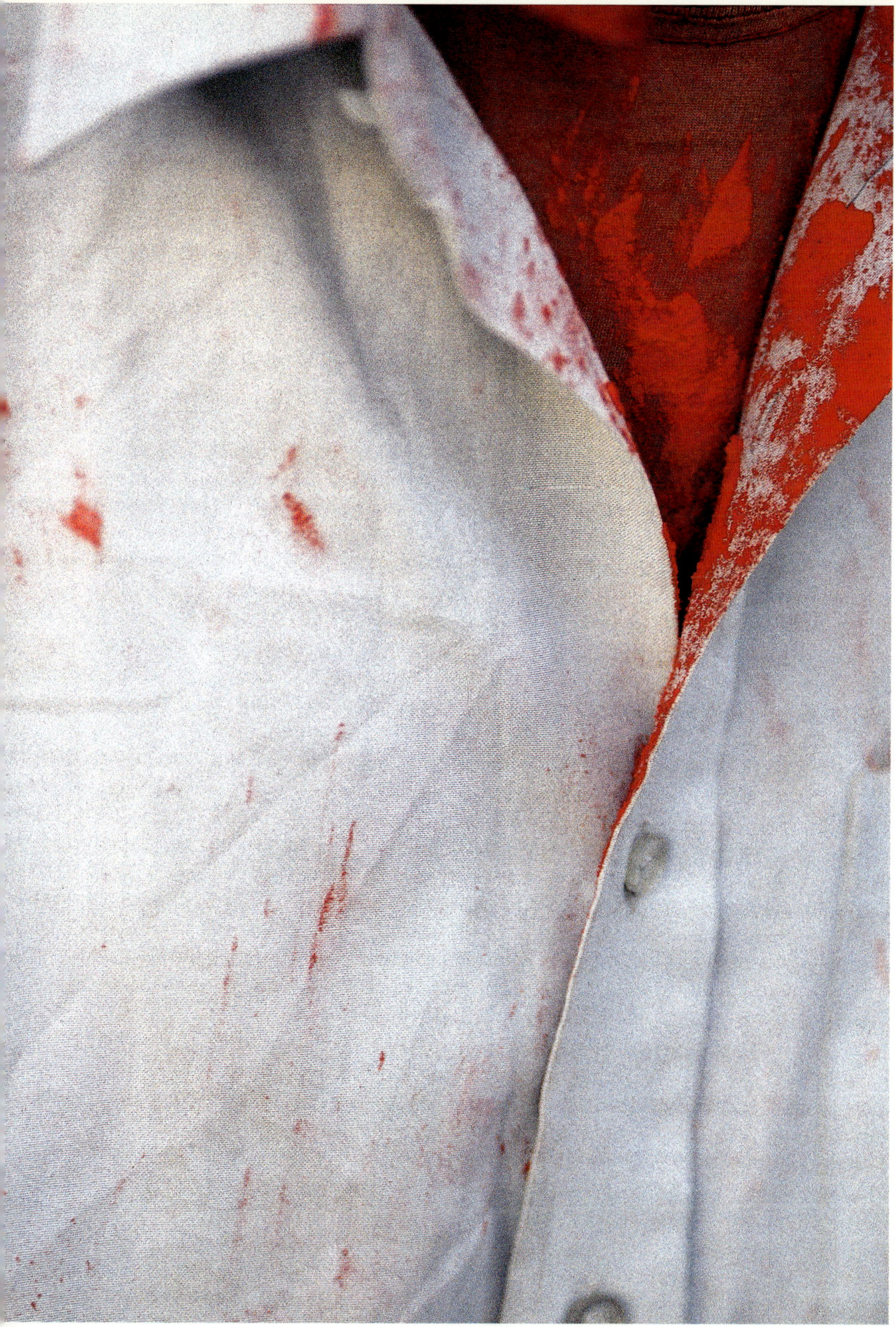

73

C'est un festival pour rire, pour se sentir heureux, pour partager la fête, pour se souhaiter beaucoup de chance, pour le plaisir de célébrer, de s'enlacer.

This is a festival of fun: feel happy, share in the celebration, wish each other good fortune, enjoy the revelry, embrace your fellow man…

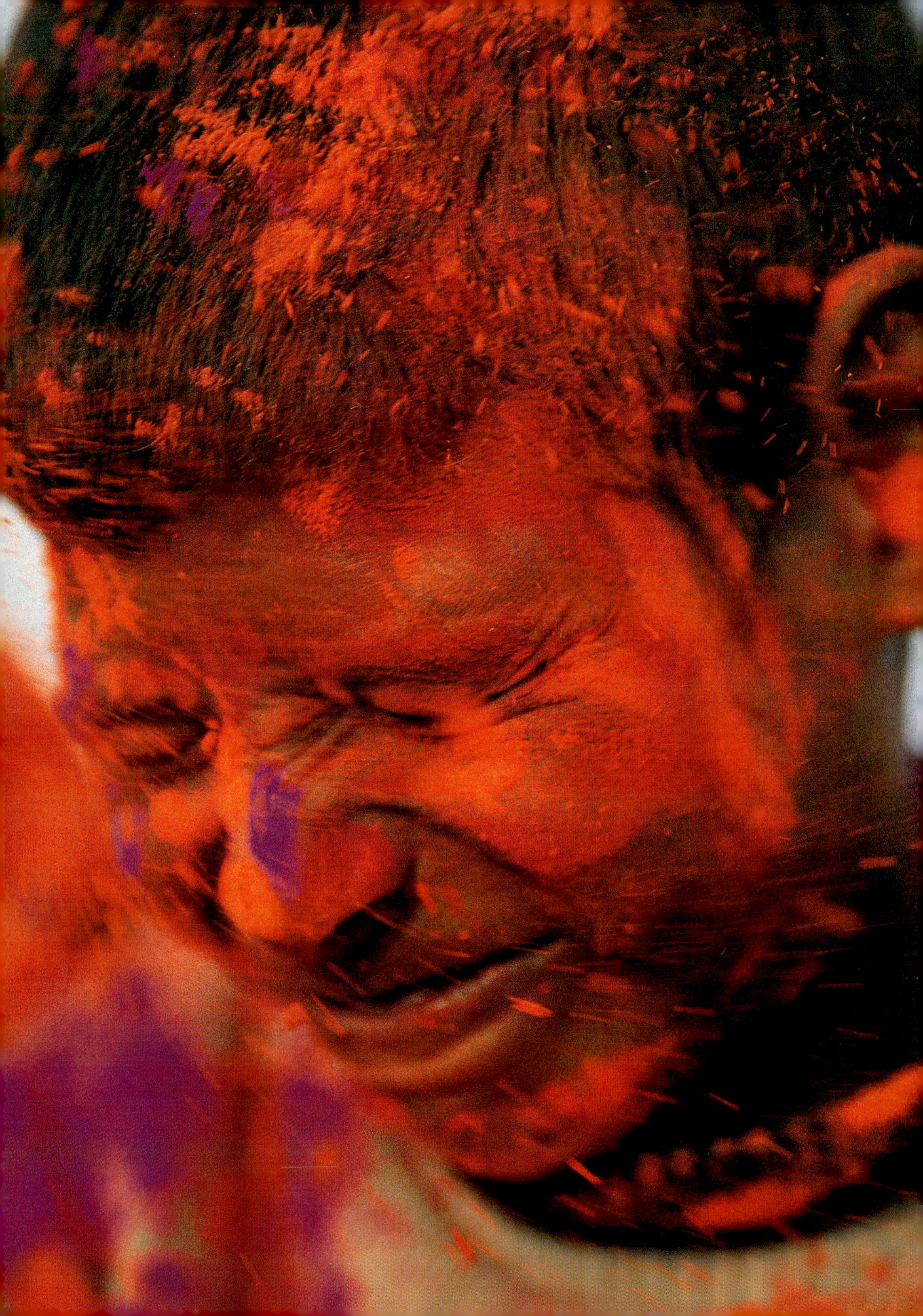

83

Et quand on a six ans, on fait chanter les rues. « Happy Holi ! » On se met en embuscade avec des complices et on prend pour cible les passants aventureux avec nos pistolets striant les airs de jets d'eau rose, puis verte, puis bleue.

And when you're six years old, you fill the streets with shouts of "Happy Holi!". You lie in ambush with your pals and target unwitting passers-by, with water-pistol streaks of pink, or green or blue.

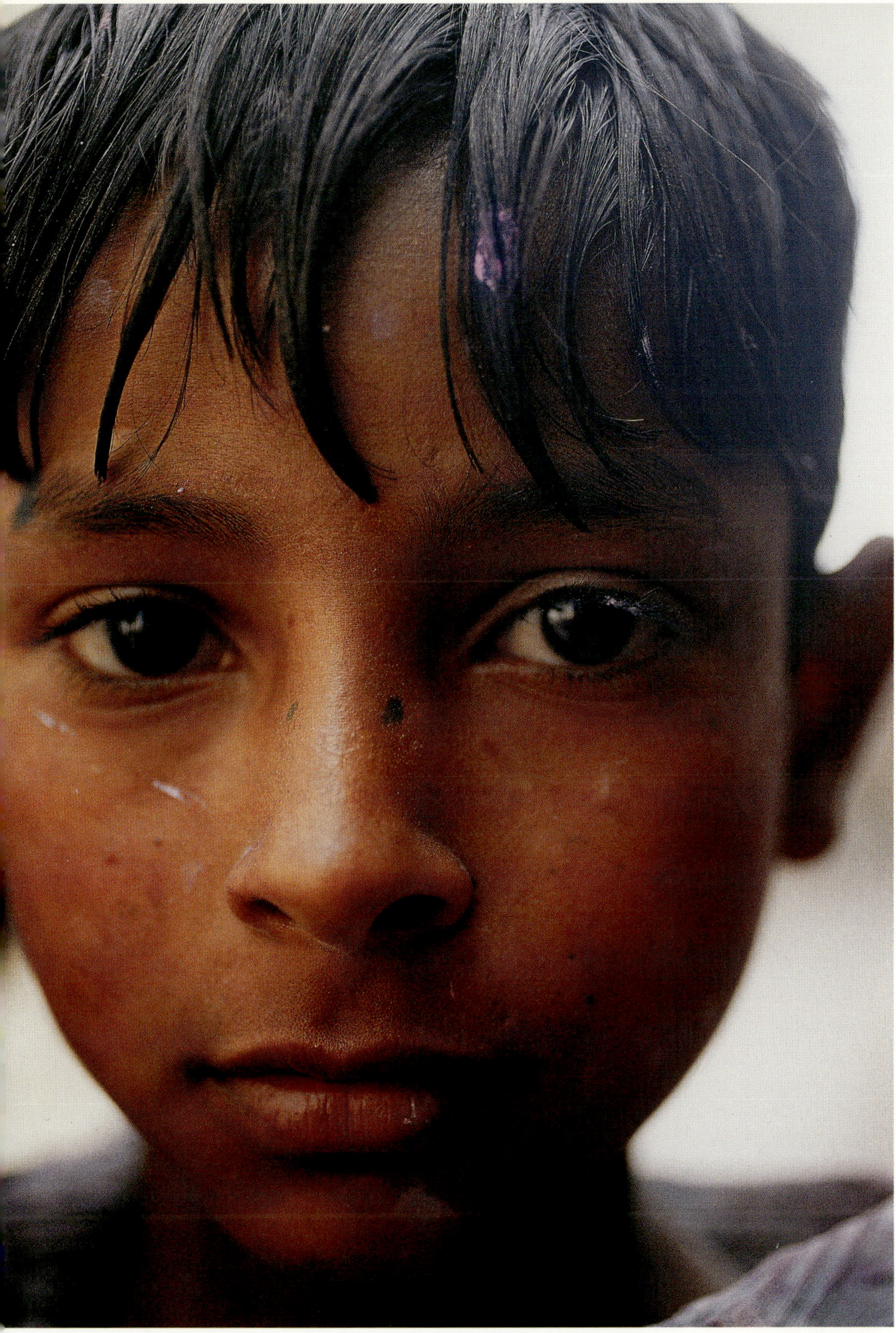

93

Dans les temples, les statues du dieu Krishna sont partout à la fête, presque tout entières recouvertes de touches de rouge, de rose, qui se superposent. Le dieu au teint bleu serait le premier à avoir fait appliquer la poudre colorée sur le visage de sa bien-aimée, afin qu'il ressemble un peu plus au sien.

In the temples, likenesses of Lord Krishna enjoy particular attention, almost entirely drenched in overlapping speckles of red and pink. The Blue-faced God is believed to have been the first to order that coloured powder be applied to the face of his beloved, to make her complexion more like his own.

Quand le soleil commence à décliner, on se lave, on se frotte, on s'habille de frais, on boit, on mange, on rit encore… Et on s'endort en forme de rêve multicolore.
« Voulez-vous jouer à Holi ? »

And as the sun starts to set, you wash, you scrub, you change into your finest clothes and then you drink, you eat, you laugh some more… And finally fall asleep with multicoloured dreams.
"Do you want to play Holi?"

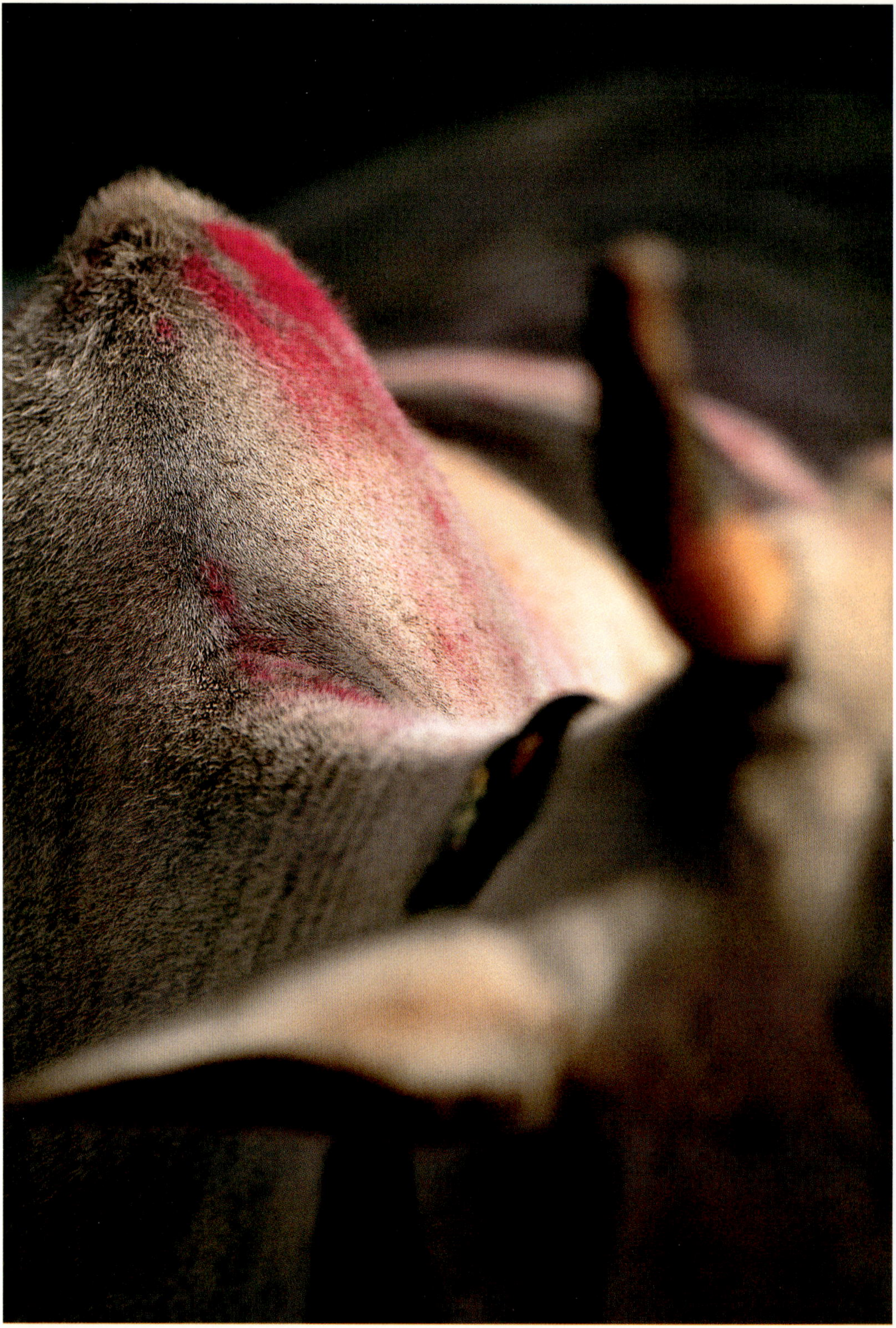

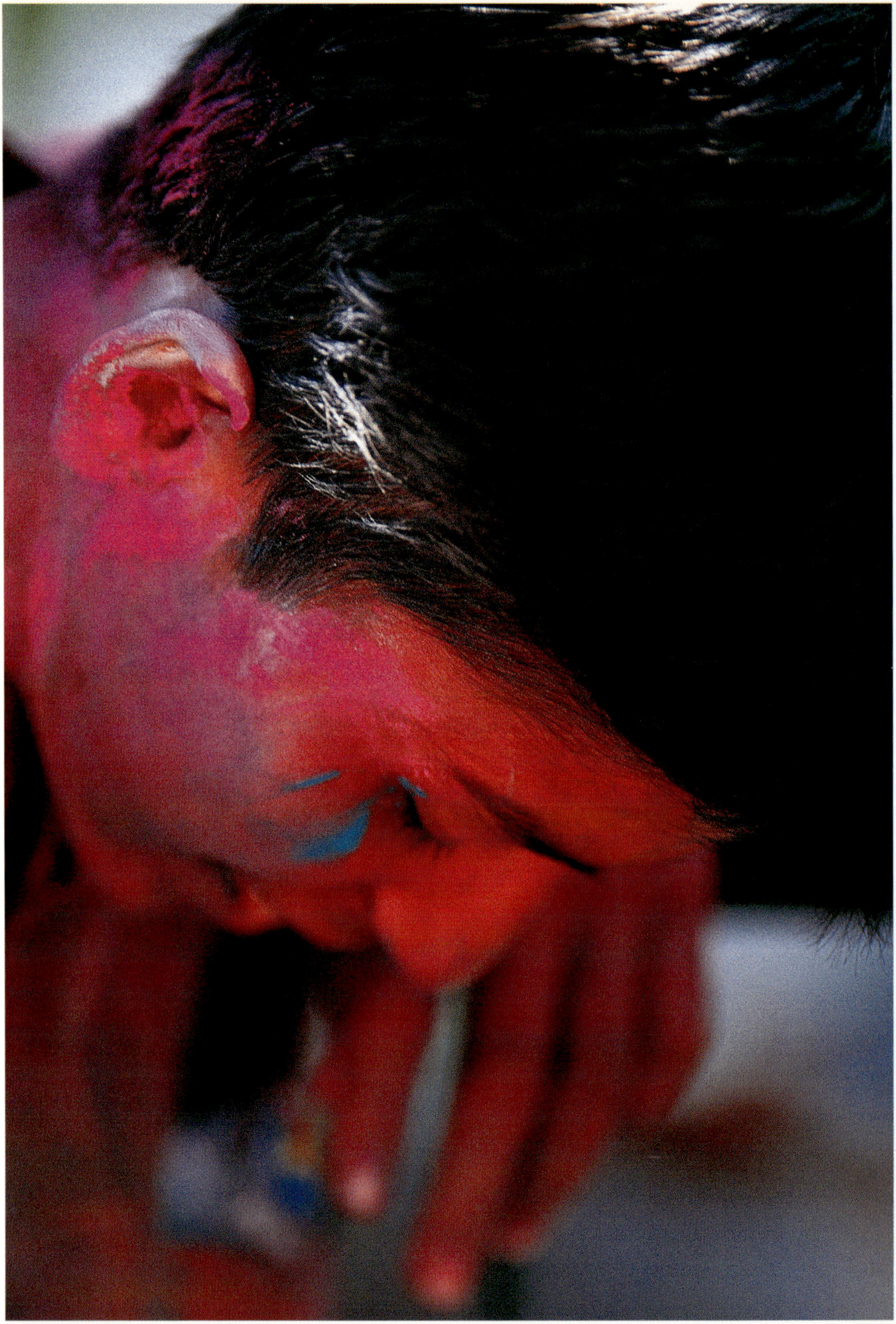

Merci aux Indiens de nous avoir prêté leur visage, leurs gestes, leur ferveur, de nous avoir ouvert les portes, d'avoir veillé sur nous.
Merci à tous ceux qui ont bien voulu rêver avec nous et grâce à qui nous avons pu construire ce projet.

Many thanks to the people of India for letting us borrow their faces, their gestures, their enthusiasm, for opening up their sacred shrines and generous hearts, for taking such good care of us.
Many thanks, too, to all those who trusted our dream, thus making this project possible.

KENZO PARFUMS

Photographies : Véronique Durruty
Textes : Maeva Delacroix
Conception et réalisation graphique : Marine Crespin
Connectez-vous sur www.editionsdelamartiniere.fr
© 2008, Éditions de La Martinière, une marque de La Martinière Groupe, Paris, France.

Photogravure : Les artisans du Regard
Achevé d'imprimer en avril 2008
sur les presses de l'imprimerie Mame, à Tours.
ISBN : 978-2-7324-3769-9
Dépôt légal : mars 2008
Imprimé en France.